FSC
www.fsc.org
MIXTE
Papier issu
de sources
responsables
Paper from
responsible sources
FSC® C105338

AF400219

ITALIE EN
INTERRAIL
Guide de voyage :
deux semaines dans les
capitales italiennes
MARCEL EN
VOYAGE

SOMMAIRE

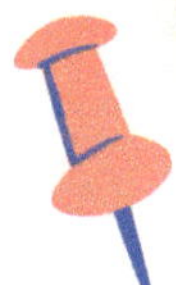

Pourquoi l'Italie ?

- Nos coups de cœur
- C'est quoi interrail ?
- L'itinéraire pour deux semaines

Astuces prévoyantes (pour ne pas être stressé)

- Le train
- L'avion
- Les musées

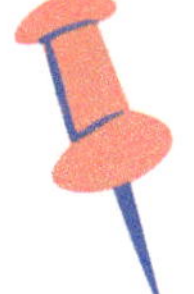

Planning

- Planning jour par jour pour ne rien louper

INTERRAIL QU'EST CE QUE C'EST ?

L'Interrail est un moyen fantastique de voyager à travers l'Europe en train, offrant une flexibilité et une aventure incomparable. Pour réserver votre billet, vous devez tout d'abord décider du type de pass qui vous convient le mieux. Il existe différents types de pass en fonction de la durée de votre voyage et du nombre de pays que vous prévoyez de visiter.

Une fois que vous avez choisi la formule qui vous convient, vous pouvez réserver votre billet en ligne sur le site officiel d'Interrail ou dans certaines gares. Assurez-vous de vérifier les horaires des trains et de réserver vos sièges si nécessaire, surtout pendant les périodes de vacances.

N'oubliez pas de valider votre pass avant de monter à bord du premier train de votre voyage et de garder votre passeport à portée de main pour les contrôles éventuels.

En planifiant soigneusement votre itinéraire, en réservant à l'avance lorsque cela est nécessaire et en restant flexible, vous pouvez profiter pleinement de votre expérience Interrail et découvrir les merveilles de l'Europe en toute simplicité.

1. La destination.

2. La planification.

3. Les réservations.

4. Les conseils supplémentaires.

1 ▸ La destination.

La première chose à faire est d'écouter ses envies et de choisir les destinations que vous avez envie de visiter pour ne pas vous sentir frustré à la fin de cette aventure. Il est important de bien prendre en compte toutes les destinations/villes que l'on souhaite visiter pour pouvoir mettre en place un itinéraire afin de perdre le moins de temps possible dans les trajets. De plus, visualiser ses objectifs de destination permet de mettre en place un circuit le mieux adapté.

Ici, pour notre tour des grandes capitales d'Italie, nous avons choisi de sélectionner cinq grandes villes (Milan, Rome, Naples, Venise et Vérone) afin de pouvoir visiter chacune de ces villes confortablement sur deux semaines.

Une fois les destinations choisies, nous avons donc essayé de composer une boucle pour perdre le moins de temps possible dans les transports. Une boucle évidente s'est alors proposée à nous et nous avons alors pu choisir le pass Interrail adapté à notre voyage.

L'essentiel à retenir est de ne pas vouloir être trop gourmand, même si l'envie de découvrir le maximum de choses est très tentante. Sur le long terme, elle ne sera pas optimum, car vous aurez une sensation de bâcler certaine partie et de tout faire au pas de course. Croyez-nous ! Cinq villes en deux semaines, c'est déjà énorme ! Le choix des villes que vous souhaitez visiter doit se faire environ 4/5 mois avant le départ.

Une fois la destination choisie, vous pouvez alors commencer la planification qui est l'une des étapes qui demande le plus de temps. Il faut savoir qu'avec Interrail vous allez avoir la possibilité de choisir entre plusieurs options de pass. Il faut donc bien prendre son temps afin de choisir au mieux.

Comment ça marche ? Interrail fonctionne soit forme de ticket comprenant un certain nombre de jours de voyage. Pendant ces jours de voyage, vous allez avoir la possibilité de prendre autant de trains que vous souhaitez et donc de relier pourquoi pas plusieurs villes dans la même journée. Il est également possible d'enchaîner plusieurs jours de voyage, c'est à vous de choisir.

Attention ! Plus vous prenez de jour de voyage plus le budget de votre carte Interrail augmente. Le prix du pass varie également en fonction du nombre de pays dans lequel celui-ci sera valable. En effet, vous pouvez choisir un pass comprenant plusieurs pays voir toute l'Europe, vous pourrez alors prendre des trains entre les frontières. Il faut compter en général 270€ pour cinq jours de voyage dans un seul pays pour un adulte de plus de 27 ans. Votre pass fonctionne sur un mois à partir de la première activation (première utilisation du train). Vous avez onze mois pour l'activer après votre achat sur le site en ligne d'Interrail.

Pour notre périple de deux semaines avec cinq destinations précises, nous avons choisi un pass interrail, un seul pays avec cinq jours de voyage. Cela nous a permis de garder assez de temps sur place afin de pouvoir visiter le maximum de chose. Nous n'avons fait qu'un seul grand trajet par jour de voyage. Nous avons réservé notre pass Interrail au mois de décembre pour le mois de juillet. Il est intéressant de prendre les pass à l'avance car le site propose généralement des promotions aux alentours des fêtes de fin d'année. De plus, cela vous permet en cas d'imprévus d'échanger votre pass.

 # Les réservations.

Il faut savoir, qu'après avoir choisi le pass qui vous correspond ainsi que les dates auxquelles vous souhaitez partir, vous devez encore réserver les trains. En effet, Interrail permet d'avoir de bonnes réductions sur les trains que vous allez prendre mais attention votre place n'est pas réservée à bord des trains. Il faut donc qu'avant votre départ vous fixiez l'itinéraire précis afin de savoir quel jour vous allez réserver le trajet et les horaires qui vous arrange le mieux. Une fois que ces choix techniques sont faits, il faut que vous soyez vigilant à la mise en ligne des réservations des trains.

Pour cela rien de plus simple, en général comme pour les TGV français, la réservation peut s'effectuer entre quatre et trois mois à l'avance pour les trains à grande vitesse.

Pour réserver, il suffit de se connecter à votre compte Intérrail et d'aller dans l'onglet de réservation, il ne vous reste plus qu'à mettre votre gare de départ et votre gare d'arrivée et tous les trains de la journée vous sont proposés avec leur horaire. Il ne vous reste plus qu'à sélectionner le train et de vous enregistrer. Pour les trains type TER les réservations peuvent se faire plus tard car ce sont des trains qui passent plus régulièrement. Pensez tout de même à réserver au moins une semaine à l'avance pour éviter toute déconvenue. À savoir que si vous souhaitez changer de train, il vous suffit de vous rendre sur votre espace et de changer votre billet.

Attention ! Il faut savoir que la réservation à un coup supplémentaire. En effet en plus du prix de votre pass vous allez avoir un supplément lors de vos réservations pour les trains à grande vitesse directs qui est compris en général entre 12€ et 15€ par personne. Les TER (qui ne demandent pas de place attitrée) sont gratuits. Nous vous recommandons de télécharger les billets voir même de les imprimer car dans certaines gares le réseau n'est pas optimum, cela retire un stress.

Les conseils supplémentaires.

Le premier conseil à retenir est de bien préparer en amont son voyage afin de pouvoir réserver le plus rapidement possible. En ce qui concerne Interrail, il n'y a pas de remise au dernier moment pour la simple et bonne raison que lors de l'achat de votre pass, vous avez 11 mois pour l'utiliser donc ils n'ont pas besoin d'écouler un stock. Lorsque vous connaissez vos dates de voyage, prenez un mois pour regarder régulièrement le site afin de savoir s'ils font des offres.

Le deuxième conseil, est celui de bien choisir votre tranche d'âge. En effet, si vous avez moins de 27 ans ou plus de 60 ans vous avez des réductions immédiates et ça toute l'année. Les pass sont également gratuits pour les enfants de moins de 11 ans.

Troisième conseil, celui de télécharger l'application Interrail sur votre téléphone. Bien qu'il est plus facile de planifier votre voyage sur un ordinateur avec leur site en ligne car plus clair et mieux structuré, l'application vous permet d'avoir vos pass à portée de main (ils ne sont pas imprimables) mais également toutes vos réservations de trains. De plus, grâce à l'application vous pouvez réserver vos trains si vous devez effectuer des changements.

Ne pas hésiter à fouiller un peu les propositions avant de réserver vos places de train, les filtres vous permettent de choisir vos préférences de voyage (train à grande vitesse, TER, direct ou avec escale). Mais aussi de pouvoir comparer les tarifs de réservation selon les jours parfois des TER gratuits sont disponibles un jour sur deux. Cela vous permet donc d'adapter au mieux votre itinéraire.

Lancez- vous !

Une fois votre destination choisie ainsi que votre parcours, il est temps de réserver les hôtels. Nous vous conseillons encore une fois de vous y prendre le plus tôt possible afin de trouver les meilleures offres. Nous vous recommandons d'utiliser les sites de comparateurs de vols mais également d'hôtels ce qui vous permettra de choisir les logements selon vos envies et vos besoins. Dans notre cas, nous avons séjourné exclusivement en hôtels et *Bed and Breakfast*. Pensez à bien vous renseigner sur la localisation de votre logement pour ne pas vous retrouver trop excentré de vos lieux de visite. Pour cela, nous vous donnons quelques petits conseils pour bien réaliser cette étape.

La première étape importante est de bien vérifier les aéroports dans lesquels vous arrivez. Pour cet itinéraire, nous avons atterri à Milan. Attention, Milan compte trois aéroports. Bien sélectionner son aéroport est essentiel car le temps de trajet jusqu'au centre-ville peut être très différent.

Faite bien attention lors de votre réservation d'avion, si vous comptez prendre un bagage en soute, les kilos que vous avez le droit de prendre. En effet, tous les aéroports ne proposent pas le même nombre de kilos gratuits. Ainsi, pour un bagage ne respectant pas la norme de l'aéroport, un surplus vous sera facturé.

Penser à bien regarder les offres de logements sur plusieurs sites à la fois. Le prix peut énormément varier pour un même établissement. De plus, renseignez-vous sur la possibilité de trouver des *B&B* ce qui vous fera économiser le petit-déjeuner.

MILAN

Pour notre première étape à Milan, nous ne restions qu'une seule nuit. Il nous fallait donc un hôtel pratique d'accès afin de pouvoir rejoindre rapidement la gare centrale le lendemain matin. Nous avons donc choisi un hôtel légèrement excentré du centre historique de Milan, mais qui était très bien desservi au niveau des transports en commun (tram, métro et bus). En plus d'avoir un accès rapide aux transports, un hôtel plus loin du centre historique permet d'avoir un meilleur rapport qualité/prix surtout pour une seule nuit. Nous avons d'ailleurs repris le même hôtel pour notre dernière nuit en Italie afin d'avoir les mêmes caractéristiques.

En règle générale il faut compter entre 100€ et 250€ la nuit en moyenne pour le mois de juillet en plein centre-ville. Vous pouvez trouver des hôtels entre 80€ et 150€ la nuit pour un hôtel plus loin du centre-ville. Encore une fois, l'un des secrets est de réserver le plus tôt possible.

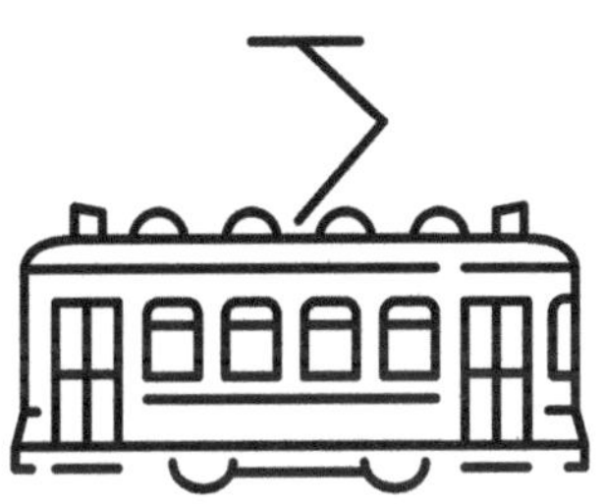

Milan est une ville très bien desservie niveau transport. Avec des bus, des trams modernes et même des lignes de tram historiques datant des années 1930. Ce qui vous permettra de découvrir la ville d'une manière différente.

Une chose importante à retenir est que pour payer les transports il vous suffira de payer directement avec votre carte de crédit placé à l'entrée de chaque transport, aucun billet n'est vendu à l'intérieur des transports, si vous n'avez pas de carte de crédit, il faudra donc acheter une carte directement à la gare centrale. Si vous restez plus d'une journée, il est intéressant de prendre des forfaits 24 ou 72 heures.

JOUR 1

Arrivée à Milan. La valise déposée, la visite de Milan peut commencer !

LE QUARTIER HISTORIQUE DE LA DUOMO

→ **La Duomo :** 8€, tlj 9h-19h, prévoir une tenue décente avec épaule couverte. Nous vous conseillons de prendre les tickets à l'avance, la queue pouvant être très longue. Possibilité de voir toit et terrasse en supplément d'un autre billet.

→ **Galleria Vittorio Emanuele II**, gratuit, tlj : ensemble de boutique et restaurant.

La place de la Duomo est entourée de snack/pizzeria qui vendent à la part une margherita comme seuls les Italiens savent le faire. Il est très agréable d'en déguster une en marchant tranquillement dans les rues.

→ **Le centre médiéval :** la *piazza dei Mercanti* (place des marchands), où se trouvent le *Palazzo della Ragione* (palais de la raison) la *loggia degli Osii* et *la casa Panigarola*

→ **Et si vous avez le temps,** le *Museo del Novecento* (10€, mar-dim 10h-19h30), le *Museo del Duomo* (5€, mar-dim 9h-19h), le *Teatro della Scalla* (12€, tlj 10h-18h), la *Gallerie d'Italia* (5€, mar-dim 9h30-19h30)

Faites un détour pour aller manger une glace à la Gelateria Ciacco (tlj de 8h à 21h).

ROME

Pour notre deuxième étape, nous nous sommes arrêtés dans la capitale italienne. Qui dit capitale dit tarifs cohérents avec cette réputation. En termes de prix à la nuit, les compteurs s'affolent vite si vous souhaitez réserver dans le centre historique. La première option est donc de prendre un hôtel ou logement en dehors de la ville accessible par les transports en commun. Attention toutefois, les transports à Rome sont présents mais pas toujours bien desservis, vous pouvez donc vite vous retrouver avec plus de 30 minutes de transports pour arriver en ville sur les lieux de visite. Une autre option est de prendre un appartement au sein de la ville qui propose de meilleurs tarifs.

Encore une fois, la meilleure des parades est de s'y prendre tôt, au moins au mois de janvier pour partir pour l'été. De plus, certains hôtels proposent des formules avec petit-déjeuner compris sans devoir payer plus cher.

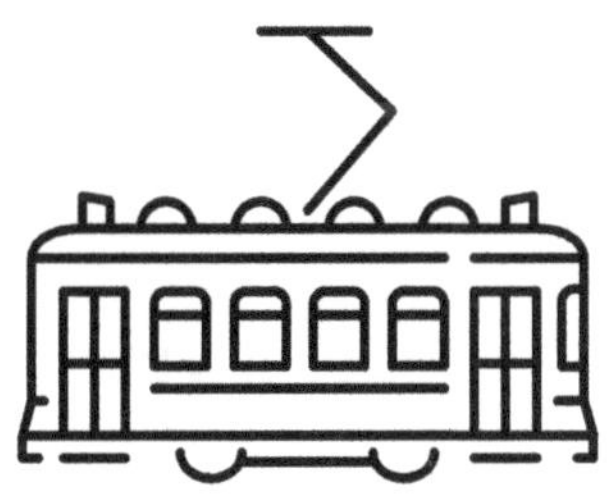

Rome compte deux lignes de métro. Chacune se coupe à la gare centrale ce qui vous permet de vous déplacer le plus rapidement possible dans la banlieue de Rome. Vous pouvez prendre des forfaits métro à la journée, 48h, 72h ou à la semaine. Attention néanmoins les stations de métro ne desservent pas ou que très peu le centre-ville.

Nous vous conseillons donc de bien réfléchir à votre programme pour éviter de trop prendre le métro. Le mieux est de visiter quartier par quartier ce qui vous fera éviter du temps de marche. Si vous souhaitez prendre les transports en centre-ville il vous faudra emprunter les lignes de bus qui traversent la ville de part en part. Que cela soit pour les métros ou pour le bus, il vous faudra user de beaucoup de patience, les retards sont très fréquents.

JOUR 2

Départ de Milan le matin. Arrivée à Rome aux environs de 12h. Dépôt de la valise à l'hôtel et pause rafraichissement

La ville de Rome offre de nombreux Pass Musée et transport. Nous vous conseillons de bien vous renseigner avant, afin de trouver celui qui vous convient. Nous n'avons pas eu l'occasion d'utiliser un Pass à Rome car il est mal communiqué auprès des touristes.

Villa Borghese

→ **Piazza del Popolo :** Métro ligne A, Flaminio

→ **Basilica Santa Maria del Popolo :** lun-ven 7h-12h, 16h-19h; sam 8h-13h30, 16h30-19h30, visite guidée disponible

→ **Giardini del Pincio**

→ **Villa Borghese**

La Piazza di Spagna

→ **Piazza di Spagna :** Métro ligne A, Spagna

→ **Scalinata et Chiesa della Trinità dei Monti :** lun-mar et jeu-sam, 10h-20h

→ **Et si vous avez le temps,** la *Galleria Borghese* (13€, mar-dim 9h-19h, à réserver impérativement), la *Galleria nazionale d'Arte moderna e contemporenea* (10€, mar-dim 8h30-19h30), le *quartier Coppedè, la villa Medici* (12€, réservation)

Si vous avez toujours de la force dans les jambes, marchez dans les rues pour vous imprégnez de la vie à la romaine. Vous trouverez des boutiques chics et beaucoup d'église. La soirée est toujours agréable surtout en été quand la chaleur redescend. Profitez-en pour manger un morceau avant de rentrer à l'hôtel pour vous préparez au lendemain !

JOUR 3

Le Vatican

→ **Musée du Vatican et la Chapelle Sixtine :** Métro A, Ottaviano San Pietro, lun-sam 9h-18h, réservation fortement conseillée, 23€

→ **Basilica San Pietro :** tlj 7h-19h, 5€, réservation fortement conseillée

→ **Cupola :** tlj 7h30-18h, 8-10€ (avec/sans ascenseur)

→ **Piazza San Pietro**

Du Vatican au Travestere

→ **Via della Conciliazione et Museo nazionale castel Sant'Angelo:** mar-dim 9h-19h30, 15€

→ **Piazza di Santa Maria in Trastevere et la Basilica :** tlj 7h30-20h30

→ **Via della Scala avec la Chiesa di santa maria della Scala** (tlj 10h-13h, 16h-19h) **et l'Antica Faramacia Santa Maria della Scala** (lun-sam 8h30-20h30)

→ **Villa Farnesina:** mar-dim 10h-19h, 10€

→ **Fontana Paola et Passeggiata del Gianicolo :** mar-dim 9h-19h30, 15€

→ **Et si vous avez le temps,** la *Galleria nazionale d'Arte antica di palazzo Corsini* (12€ sur réservation, mar-dim 10h-19h), l'*Orto Botanico* (5€, tlj 9h-18h30), et bien sur toutes les églises que vous pouvez croiser

Vérifiez bien le jour même, les jours et heures d'ouverture des musées et palais sur leurs sites internet. Il y a beaucoup de travaux et certains ne sont pas spécifiés. Il nous est arrivé plusieurs fois d'arriver devant des grilles fermées ou un musée avec la moitié des salles non visitables. Si c'est le cas, nous vous conseillons de trouver autres choses à faire, les tarifs ne sont pas dégressif et cela ne vaut pas le coup. Il y a beaucoup de belles choses à visiter pour ne pas perdre du temps et de l'argent dans des musées dont vous ne verrez rien d'intéressant.

JOUR 4

Quirinal et la piazza Barberini

⟶ **Fontana di Trevi :** Métro A, Barberini

⟶ **Piazza Barberini :** Métro A, Barberini

Panthéon et Piazza Navona

⟶ **Le Panthéon :** tlj 9h-19h30, 5€

⟶ **Piazza della Rotonda**

⟶ **Basilica Santa Maria sopra Minerva :** lun-ven 7h-19h, we 10h-12h30 15h30-19h

⟶ **Piazza Navona et la Fontana dei Quattro Fiumi**

⟶ **Chiesa Sant'Agnese in Agone :** mar-dim 9h-13h 15h-19h

⟶ **Chiesa San Luigi dei Francesi :** tlj 9h30-12h45 14h30-18h30

Campo dei Fiori et le Ghetto

→ **Campo dei Fiori et le passetto del Biscione**

→ **Via di Monserrato**

→ **Via Giulia**

→ **Galleria Spada :** mer-lun 8h30-19h30, 5€

Le Colisée

→ **Le Colisée :** Metro B Colosseo, tlj 9h30-19h15, billet couplé avec le forum (24h Colosseo-Foro romaro-Palatino), 16€, possibilité de visiter les souterrains avec un autre billet (22€ et inclut autres sites antiques)

→ **Arco di Constantino**

→ **Case romane del Celio :** Metro B Circo Massimo, tlj sauf mar et jeu 10h-16h, 8€

→ **Et si vous avez le temps,** la *Galleria nazionali di Arte antica in palazzo Barberini* (15€ sur réservation, mar-dim 10h-19h), le *Palazzo Altemps* (14€, mar-dim 9h-19h45), le *Palazzo Doria Pamphilj* (14€, tlj 9h-19h), le *Palazzo Farnese* (15€, visite guidée à réserver) et bien sur toutes les églises que vous pouvez croiser

Journée très chargée ! Vous allez faire des kilomètre à pied. Prévoyez des bonnes chaussures et de l'eau. Beaucoup parlent de se méfier de l'eau italienne. Personnellement, boire aux fontaines à eau ne nous a pas rendue malade !

JOUR 5

Le Palatin

→ **Le Forum romain:** Metro B Colosseo, tlj 9h30-19h15, billet couplé avec le Colisée (24h Colosseo-Foro romano-Palatino), 16€, possibilité de visiter les souterrains du Colisée avec un autre billet (22€ et inclut d'autres sites antiques)

L'Aventino

→ **Terme di Caracalla :** Metro B Circo Massimo, 8€, vérifier les horaires qui sont variables

→ **Et si vous avez le temps,** le Capitole avec tous ces musées et les forums de César et Trajan si vous n'avez pas vu assez de vestiges antiques (Roma Pass acceptés quasiment partout).

C'est la fin du séjour à Rome. Nous avons pris le temps de nous balader dans les rues et faire les boutiques ! On vous invite à faire de même. Vous n'avez surement pas eu le temps de tout visiter mais ne vous inquiétez pas ! Rome ne disparaitra pas tout de suite. Garder des choses à voir vous permettra d'organiser des week-end (romantique ou non) plus tard.

Le Palatin

Les thermes de Caracalla

NAPLES

La troisième étape se poursuit au sud de l'Italie à Naples. Vous pourrez trouver de nombreux logements très accessibles. En effet, Naples reste une ville très abordable. Les prix varient entre 60€ et 200€ la nuit en pleine saison, ce qui vous laisse une marge de choix très raisonnable. Plusieurs options s'offrent à vous, vous pouvez préférer le quartier du musée qui se situe au centre de la ville qui est donc plus animé le soir. Ou alors, favoriser le quartier de la gare avec des logements moins cher mais qui restent tout à fait intéressants lorsque vous avez prévu de faire une journée à Pompéi ou Herculanum ce qui vous évite de reprendre le métro. De nombreux hôtels proposent la formule petit-déjeuner compris.

Naples compte deux lignes de métro (la ligne 1 et la ligne 6) qui parcourent toute la ville. Contrairement à Rome, il est très simple de rejoindre tous les points d'intérêts touristiques en métro. La ligne 1 dite "Ligne des arts" propose des stations reconnues comme les plus belles d'Europe telles que l'arrêt Garibaldi, Toledo ou l'Universita. Prenez le temps de passer dans chacune d'entre elle pour observer le décor artistique qui vous ait proposé. Les deux lignes de métro sont ouvertes de 6h00 à 23h00 tous les jours avec un métro toutes les 6 à 15 mins selon l'heure de la journée. Comptez 1,50€ par trajet ou si vous restez plusieurs jours le pass journée et à 4,50€ et vous permet également d'utiliser les bus de ville.

Pour ce qui est des excursions direction Pompéi ou Herculanum, vous pouvez très simplement prendre le TER depuis la gare centrale. Attention toutefois, le nom de la gare des TER est différente de celle des grandes lignes "gare centrale". Pas de panique, cela se situe pourtant bien au même endroit au niveau sous-sol.

JOUR 6

Départ de Rome le matin. Arrivée à Naples vers 12h. Dépôt de la valise à l'hôtel et pause rafraichissement

Les transports à Naples sont assez simples. Nous vous conseillons fortement de prendre un abonnement à la journée qui vous reviendra au même prix que si vous preniez un ticket aller-retour.

Le centre historique - Spaccanapoli

Museo archeologico nazionale : mer-lun 9h-19h30, 15€, vérifier les horaires qui sont variables et les salles ouvertes. Préparer un plan !

Et si vous avez le temps, prenez un ticket de métro et baladez-vous sur les places de Naples, certaines stations valent le détour. N'oubliez pas de visiter les églises magnifiques !

Passez un temps à la gare pour préparer votre voyage du lendemain vers Pompéi. Plusieurs lignes de trains s'y rendent. Nous vous conseillons Trenitalia qui longe la côte et vous permet de voir d'un côté le Vésuve et de l'autre la mer ! Attention, le quai de départ n'est pas facile à trouver.

JOUR 7

Prenez les trains grandes lignes de Trenitalia qui circule entre Pompéi et Salerne : 6h-21h, 2 trains/h, 35/45min, 2,80€ : le trains longe le bord de mer, on y voit la baie de Naples, l'île de Capri et la péninsule Sorretine.

Pompéi

→ **Le site archéologique :** tlj 9h-19h30, 16€, Préparer un plan et prenez un audioguide (8€)

→ **Et si vous avez le temps** (et encore des forces) retournez vous balader dans Naples et trouvez vous un petit resto pour vous récompensez de cette marche

Optionnel : si vous avez la possibilité de rester un jour de plus à Naples, l'île de Procida, Capri et Ischia sont magnifiques et pas trop peuplé hors saisons.

Venise

Venise est une ville d'Italie très prisée par les touristes. Ce qui signifie que les logements sont très vite complets et les tarifs s'envolent. Il faut compter entre 95€ et 210€ la nuit pour une chambre standard en haute saison. Il est donc encore une fois très important de vous y prendre très longtemps à l'avance et de bien comparer les différentes offres qui se présentent à vous. Vous pouvez choisir des formules un peu moins chères que les hôtels avec les B&B. Ces formules vous proposent des chambres avec tout le confort et une offre petit-déjeuner.

Ce mode de logement est donc un bon compromis mais les places sont beaucoup moins nombreuses que pour les hôtels, il faut donc s'y prendre le plus tôt possible. Nous vous conseillons de réserver votre logement pour Venise dès que votre projet de voyage est fixé afin d'éviter la foule de voyageur qui vont se précipiter en dernière minute sur les meilleurs plans. De plus, comme Venise est une île, peu importe où vous prendrez votre logement, vous serez forcément proche d'un point d'intérêt. Si vous préférez éviter toute la foule et souhaitez un séjour plus authentique vous pouvez choisir de réserver votre logement sur les îles proches de Venise telles que Burano ou Murano qui vous assureront un séjour intime et dépaysant.

De plus, les îles sont très facilement joignables en vaporéto depuis Venise.

À Venise, la question des transports ne se pose pas vraiment. En effet, soit vous prenez le transport local par excellence c'est-à-dire le Vaporetto (petit bateau taxi) soit vous utiliser vos pieds. En toute amitié, nous ne vous conseillons pas la deuxième option car même en utilisant les vaporettos vous marcherez beaucoup. Le Vaporetto s'utilise comme les bus traditionnels, vous avez donc de nombreuses lignes qui desservent la ville par les grands canaux. Les lignes les plus fréquentées sont la ligne 1 qui parcourt lentement le Grand Canal depuis la gare routière de Piazzale Roma jusqu'à l'île du Lido.

Il dessert des arrêts à quelques points d'intérêt comme la Place Saint-Marc, Ca'Rezzonico ou encore le Pont du Rialto. Elle est également appelée la ligne des cent palais. La ligne 3 relie la Piazzale Roma à l'île de Murano pour découvrir le musée du verre. La ligne 7 dessert la Place Saint-Marc à l'île de Murano pour découvrir les anciennes manufactures de dentelle. Pour la ligne 10, il s'agit de la ligne la plus rapide pour se rendre à la Place Saint-Marc jusqu'à l'Île du Lido si vous voulez trouver des plages pour vous prélasser après une bonne journée de visite. Et enfin, la ligne 18 fait la liaison entre l'île du Lido et l'île de Murano. Les vaporetto sont disponibles de 4h30 du matin à 23h30, le mieux est de prendre un Vaporetto de la ligne 1 au coucher du soleil, vous aurait alors un paysage extraordinaire et des souvenirs plein la tête. Coté tarif, le prix des transports à Venise grimpe vite.

Il faut compter 9€ par personne adulte pour un seul trajet, c'est pourquoi pour un séjour de plus d'une journée il est préférable de prendre un pass de 72h. Ce pass le Venezia Unica City Pass vous permet d'avoir les transports en Vaporetto en illimité dans tout Venise mais également dans les îles alentours ainsi que l'accès aux musées et aux églises de la ville. Comptez entre 85€ et 100€ pour ce pass suivant la période de visite. Cela peut paraître au premier abord élevé mais cela vous fera des économies sur le long terme. Vous pouvez trouver ce pass directement sur Internet, dans les guichets des offices de tourisme ou dans les stations de Vaporetto. En ce qui concerne les longs trajets pour se déplacer dans les autres régions d'Italie il faudra vous rendre à la gare de Santa Lucia.

JOUR 8

Départ de Naples le matin. Arrivée à Venise dans l'après-midi. Dépôt de la valise à l'hôtel et pause rafraichissement

Venise est une ville qui vit du tourisme. Elle possède deux Pass : le Venice Pass qui concerne la majorité des musée, le palais des Doges, etc et le Chorus Pass pour les églises et chapelle (qui sont toutes payantes). Ces Pass sont super et parfois s'accompagnent du vaporetto. Renseignez-vous bien avant votre visite

Le Grand Canal

Balade en vaporetto sur le grand Canal et vue sur les "cents palais"

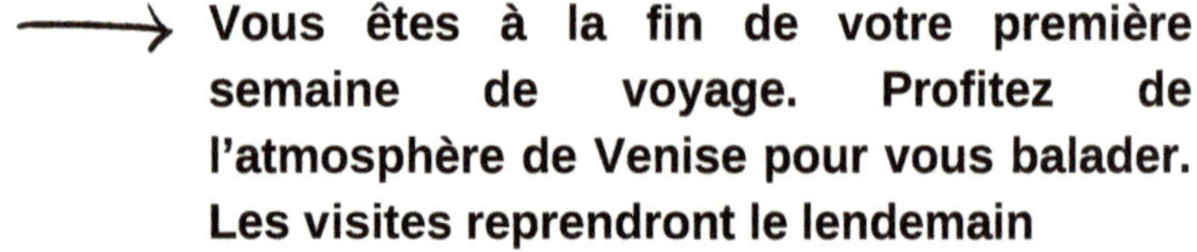

Vous êtes à la fin de votre première semaine de voyage. Profitez de l'atmosphère de Venise pour vous balader. Les visites reprendront le lendemain

Avec le Chorus Pass, vous pouvez faire énormément d'église. Nous ne les nommons pas mais allez-y si vous passez devant. Vous tombez parfois sur des pépites.

JOUR 9

San Marco

→ **Piazza San Marco :** Vaporetti n°1 et 2 San Marco Vallaresso

→ **Basilica San Marco :** lun-sam 9h30-17h15, 6€, réserver ou venez tôt le matin

→ **Piazzetta San Marco**

→ **Palazzo Ducale :** tlj 9h-18h, entrée comprise de la Venice Museum Pass

→ **Museo Correr, Museo archeologico - Biblioteca Marciana :** tlj 10h-19h, entrée comprise de la Venice Museum Pass

→ **Et si vous avez le temps,** la Torre dell'Orologio, le campanile et bien sûr toutes les églises que vous croisez !

Dans les rues étroites autour de la place Saint-Marc, vous trouverez des fast-food proposant des plats de pâtes uniquement à emporter et pas très cher. Elles sont délicieuses, surtout celles au poulet et champignons. Nous ne nous souvenons plus de l'endroit, on ne peut y tomber que par hasard !

JOUR 10

Murano

→ **Museo del Vetro:** Vaporetti n°4.1 et 4.2 Museo, tlj 10h30-18h (16h30 nov-mars)

→ **Basilica dei Santi Maria e Donato :** lun-sam 9h-18h

→ **Chiesa di San Pietro Martire :** dim-ven 9h-17h30

→ **Baladez vous dans les rues et n'hésitez pas à visiter les boutiques de verre. Vous trouverez parfois de beaux ouvrages.**

Dorsoduro

→ **Galleria dell'Accademia :** Vaporetti n°1 et 2 Academia, lun 8h15-14h, mar-dim 8h15-19h15, Venice Pass

→ **Ca'Rezzonico e museo del Settecento Venezialo :** Vaporetto n°1 Ca'Rezzonico, mer-lun 10h30-18h, Venice Pass

→ **Ponte di Rialto**

JOUR 11

Burano

→ **Museo del Merletto:** Vaporetti n°12, mar-dim 10h30-17h (16h30 nov-mars), Venice Pass

→ **Baladez vous dans les rues et prenez le pont vers l'ile de Mazzorbo pour repartir vers Venise**

San Polo et San Croce

→ **Chiesa Santa Maria dei Frari :** Vaporetto n°1 et 2 San Tomà, lun-sam 10h-18h, dim 13h-18h, 3€

→ **Ca'Pezzaro :** Vaporetti n°1 San Stae, jeu-mar 12h-17h, Venice Pass

→ **Palazzo Mocenigo, museo del Tessuto, del Costume e del Profumo** : Vaporetto n°1 San Stae, mar-dim : 10h30-17h, Venice Pass

→ **Museo di Storia naturale :** Vaporetto n°1 Ca'Rezzonico, mar-dim 10h-18h, Venice Pass

→ **Ca'Oro e la Galleria Franchetti :** Vaporetto n°1 Ca'Oro, mar-dim 10h-18h (mais variable), 10€

Prévoyez de la monnaie ! Entre les musées, il est possible de traverser le Grand Canal en gondole pour 2€. C'est un moyen pas cher de vous prendre en photo et d'expérimentez les remous des vagues dans une petite embarcation.

Verone

Vérone est une ville bourgeoise d'Italie qui renferme de nombreux secrets. Bien que très connue pour son histoire d'amour légendaire entre un certain Roméo et une certaine Juliette, cette ville comblera les plus curieux d'entre vous. En ce qui concerne les logements, il faut s'attendre à des prix assez élevés pour le centre-ville avec en moyenne une fourchette entre 150€ et 200€ la nuit pour deux personnes. Vous pouvez même vous offrir, pour les plus romantiques, une chambre donnant sur le balcon de Juliette. Pour cela, il faut penser à réserver très rapidement et compter environ 200€ la nuit pour deux. Vérone n'étant pas une ville très étendue, peu importe l'emplacement de votre logement, vous pourrez avoir accès à tous les monuments à pied.

Pour les plus petits budgets, pas d'inquiétude, comme toujours, en vous y prenant à l'avance, vous pourrez trouver de vrais bons plans aux alentours du mois de janvier. Une autre option est de vous écarter du centre-ville avec des tarifs qui tournent autour de 75€ la nuit pour deux. Vous rejoindrez le centre-ville très rapidement grâce aux nombreux bus. Un de nos bons plans est l'Euromotel Croce Bianca qui se situe à une quinzaine de minutes du centre-ville et qui propose de très grandes chambres et tout le service d'un hôtel à partir de 68€ la nuit. Vérone propose donc de nombreuses solutions de logements pour tous les goûts et tous les budgets.

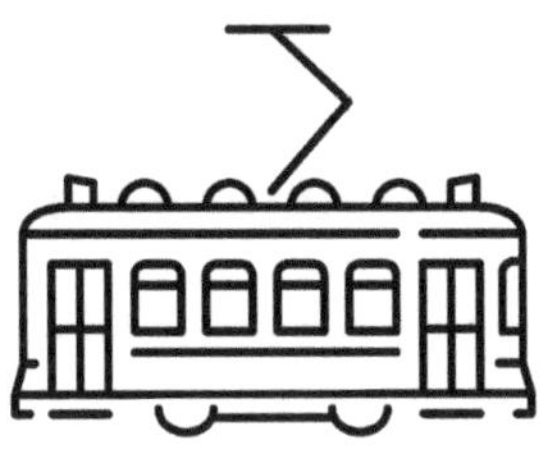

Vérone est une ville à taille humaine, ce qui signifie que vous pouvez aisément tout faire à pied. Néanmoins, vous pouvez utiliser le réseau de bus municipaux. Ces bus desservent tous les lieux à visiter, tels que les arènes ou la Casa di Giulietta. Comme pour Venise, il existe un pass vous permettant d'avoir un accès illimité à tous les transports de la ville pendant 24 ou 48 heures. Le pass Verona Card vous permet également de pouvoir accéder à tous les lieux majeurs de la ville gratuitement (musées, églises, arènes, Casa di Giulietta). La formule 24 heures est au prix de 20 € et celle de 48 heures est au prix de 25 € par personne. Il est gratuit pour les enfants de moins de sept ans.

Ce pass est donc une très bonne solution, non seulement économique mais, également pratique, pas besoin de tout réserver à l'avance. Les pass sont vendus dans de nombreux points, tels que les offices de tourisme, à l'entrée de certains sites ou même à l'accueil de certains hôtels. Vous pouvez également le commander directement en ligne, notamment sur le site GetYourGuide. Pour utiliser votre pass, rien de plus simple : vous devez passer votre pass au niveau des bornes de contrôle des bus et le présenter à l'entrée des visites. Le pass commence lors de sa première validation.

JOUR 12

Départ de Venise le matin. Arrivée à Vérone vers 12h. Pause rafraichissement et dépôt de la valise à l'hôtel

Allez chercher à l'office de tourisme, qui se trouve derrière l'arène, la Verona Card qui comprend le bus et le musée ! Les habitants de Vérone sont très gentils et on vous la présentez d'office, si vous ne l'avez pas acheté préalablement !

Les arènes

⟶ **Castelvecchio :** mar-dim 10h-18h, Verona Card

⟶ **Arco dei Gravi**

⟶ **Arena :** horaire changeant en fonction des spectacles, Verona Card

Prenez le temps de vous balader dans les petites rues de Vérone. Le calme et l'accès piéton à tout le centre historique est très reposant.

JOUR 13

Le centre historique

→ **Piazza della Erbe**

→ **Piazza dei Signori**

→ **Palazzo della Ragione et Torrre dei Lamberti :** tlj 10h-18h, Verona Card

→ **Casa di Giulietta :** mar-dim 9h19h, Verona Card pensez à réserver à l'avance

→ **Arche Scaligere :** sam-dim 10h-13h 14h-18h, Verona Card

→ **Duomo :** tlj 11h-17h sauf dim 13h30-17h, Verona Card

⟶ **Ponte Pietra**

⟶ **Teatro Romano et Museo Archeologico :** mar-dim 10-18h, Verona Card

⟶ **Basilica San'Anastasia :** lun-ven 10h-17h, sam 9h30-18h, dim 13h-17h30, Verona Card

⟶ **Chiesa San Fermo Maggiore:** lun-ven 10h-17h, sam 10h-17h30, dim 13h-17h30, Verona Card

⟶ **Museo degli Affreschi alla tomba di Giulietta :** lar-dim 10h-18h, Verona Card

JOUR 14

Départ de Vérone le matin. Arrivée à Milan en début d'après-midi. Pause rafraichissement et dépôt de la valise à l'hôtel

Castello Sforzesco

→ **Museo del Castello:** mar-dim 10h0-17h30, 5€

→ **Baladez vous dans le centre historique et profitez de l'ambiance italienne avant le départ.**

JOUR 15

Malheureusement, c'est le retour en France avec des souvenirs plein la tête.

Milan est la capitale de la Lombardie avec environs 1 500 000 habitants. Dans cette ville se lient deux architectures avec style, l'ancien et le moderne. C'est une ville où il fait bon vivre avec de grande rue et des parcs. Aujourd'hui, elle est aussi connue pour être la capitale de la mode italienne.

GASTRONOMIE

Le vin lombard est moins connus que ses voisins mais est de qualité. On y trouve du vin blanc sec et fruité ainsi que du rouge. En alcool fort, il y a la *Grappa*, fait à partir du marc de raisin et le Vermouth qui est un mélange d'herbe aromatique. Pour l'apéritif, vous trouverez du *Pirlo* qui ressemble fort au *Spritz*. Le *Crodino* est également un apéritif fait à partir d'herbe et de fruit mais il est sans alcool !

À manger, les spécialités sont variés. La Lombardie est chef dans le *risotto*, l'*osso-buco* (viande aromatisée avec des agrumes), les *minestrones* (soupe de légumes), le *bresaola de la valtellina* (filet de boeuf salé, séché et aromatisé), *polenta* de maïs que les Italiens mangent à toutes les sauces. En pâtisserie, c'est le *pannetone* qui est originaire de Milan qui est à l'honneur.

JUSTE UN PEU D'HISTOIRE

La date de fondation de la ville est inconnue. Ce qui est sûr, c'est qu'elle a été conquise par les Romains vers 222 av. notre ère. Elle fut considérée comme capitale de l'Empire romain d'Occident entre 280 et puis 400. Puis elle devient un haut lieu du christianisme, gouverné, comme beaucoup de villes, par des comtes puis par les Visconti qui en font une place financière importante au Moyen-âge.

Milan fut ensuite sous domination française, espagnole et autrichienne avant de revenir à l'Italie en 1859. Devenue une ville d'importance lors de la révolution industrielle, elle sera détruite en partie lors de l'invasion nazie. Elle sera le siège de la Résistance italienne. Enfin, aujourd'hui elle est en perpétuel agrandissement et renouveau avec l'arrivée de nouveaux travailleurs et habitant, en faisant d'elle la deuxième ville la plus peuplée d'Italie.

Pour bien commencer, le quartier de la Duomo ! Y règnent édifices somptueux et grande arcades avec sol en marbre et la grande cathédrale au centre de la place avec sa *Madonnina* (la vierge, protectrice de la ville) perché au plus haut sur l'une des flèches. La sortie de métro donne sur la place se situant devant la cathédrale avec une statue de Vittorio Emanuele II.

Très agréable en fin d'après-midi quand le soleil tombe. La rue alentour sont pleines de restaurants et de glacier. De quoi passer une agréable soirée en dégustant une margherita pour le début des vacances.

La Duomo est incontournable. D'abord, car elle est la troisième plus grande église du monde catholique après Saint-Pierre de Rome et la cathédrale de Séville, mais aussi parce qu'il a fallu cinq siècles pour la construire. La construction a commencé en 1386 et s'est terminée en 1932. La façade, appelée « hérisson de marbre » n'est achevé qu'en 1813. Prenez le temps de l'admirer car l'intérieur est plus soft. Toutefois, le style architecturale gothique prime sur cette édifice. Les vitraux racontent l'histoire de la ville et de ses saints.

Malins ces milanais ! Pendant la Seconde Guerre mondiale, les habitants ont recouvert la cathédrale de haillons afin que le soleil ne se reflète pas sur elle et ainsi qu'elle ne soit pas prise pour cible par les bombardiers ennemis. Toujours plus malins, les vitraux furent retirés et préservés à l'abri.

<u>Galleria Vittorio Emanuele II</u> est une des plus belles galeries d'Europe. Achevée en 1867, on raconte que son architecte Mengoni s'est suicidé du haut de la coupole car le roi Victor-Emmanuel n'est pas venus à l'inauguration. D'autres disent qu'il ne serait pas tombé tout seul... Ce plafond de verre abrite restaurant, café et magasin de luxe sur une forme en croix avec aux quatre points cardinaux les emblèmes de Turin, Florence, Rome et Milan.

Au centre de la galerie, les badauds dansent. Une croyance dit que si nous mettons le talon sur le sexe du taureau et tournons trois fois sur nous-même, notre vœu sera exaucé… Nous vous laissons donc chercher et trouver vous-même l'emplacement exacte pour mettre toutes les chances de votre côté.

Ensuite, déambuler jusqu'à la <u>piazza dei Mercanti</u>. Ici se regroupaient les activités marchandes de la ville. Autrefois closes, elle abrite encore le palazzo de la Ragione en brique rouge construit en 1228 sur pilotis, en face la loggia degli Osii recouverte de marbre blanc et noir datant du XIVème siècle et enfin la casa Panigarola avec ses arcades dorée et son puits du XVIème siècle.

Coutumes locales ! Quand un marchand faisait faillite, il devait taper trois fois ses fesses nues sur un bloc de marbre noir avant d'être emprisonné. Leurs biens étaient ensuite vendus aux enchères à la loggia degli Osii.

Faites un détour pour aller manger une glace à la Gelateria Ciacco (tlj de 8h à 21h). Ce glacier fondé à Parme, propose des glaces sans colorant ni conservateur. Les goûts sont très variés. Nous vous conseillons de goûter la stracciatella ou le sorbet au citron qui était très rafraichissant.

<u>**Castello Sfforesco**</u> est la résidence des Sforza, ducs de Milan. Dedans, vous trouverez le musée de l'Art antique, le Pietà Rondadini qui abrite la dernière sculpture de Michel Ange et qui est inachevé, la Pinacothèque, le Musée des instruments, des Arts décoratifs, le musée égyptien et le musée de la Préhistoire

    Grande capitale italienne, Rome est incontournable si vous souhaitez dire que vous avez visité l'Italie. L'histoire de la ville est si vaste qu'elle ne peut que plaire. Attention ! Nous ne sommes pas les seuls à vouloir visiter. Si vous partez en saison, pensez à réserver vos visites. Plusieurs visites se font seulement sur réservation tant elles sont demandés. Pour plus de confort, organisez vos visites bien en amont, les places sont rares.

    Rome est une ville avec plus de deux millions d'habitants dont 12 millions de touristes par an viennent remplir les rues. Les mois de juillet-août sont les plus appréciés des touristes malgré les 40°C qui reste sur la ville enclavée dans ses sept collines.

<u>**GASTRONOMIE**</u>

La gastronomie romaine présente plusieurs dégustations pour tout les goûts. Le Latium produit du vin notamment du blanc. Les Romains ont également un digestif local qui est le *Molinari*, un alcool à base d'anis et servi avec du café. Parlant de café, les Italiens en font toute une religion ! Peu importe sous quelle forme vous le buvez, buvez le au comptoir comme les locaux. S'asseoir à une table peut en faire tripler le prix. Le cappuccino a perdu de sa valeur et ressemble à un café au lait (ne se déguste que le matin sinon outrage !) mais le chocolat chaud a pris de l'ampleur. Il est épais et gourmand. Un délice.

Les restaurants se divisent en plusieurs mots et n'offrent pas tous les mêmes services et les mêmes prix ! Les *trattoria* sont l'équivalent de nos bistrots, les *osteria* sont des restaurants qui se veulent plus chic qu'à l'origine mais qui présente des plats classiques (nos brasseries), et les ristorante qui sont les restaurants plus chics.

La carte se coupe en plusieurs parties qui nous désoriente au début, nous français ! D'abord le *primo piatti* sont les "premiers plats". En effet, les Italiens ne mangent pas un morceau de viande avec des frites. Il mange d'abord une soupe, une salade, des pâtes (al dente ou sacrilège !), puis avec le *secondi piatti* la viande.

Enfin, petit aparté sur l'eau. En restaurant, on vous sert de l'eau en bouteille. Elle sera comprise sur votre addition. Demandez de l'*aqua natural* pour de l'eau plate et *aqua minerale* pour de l'eau pétillante. Ne vous inquiétez pas, Rome est connue pour son nombre de fontaines à eau publique qui, malgré le gâchis, sont très bienvenue les jours de grande chaleur.

<u>**JUSTE UN (PETIT) PEU D'HISTOIRE**</u>

Commençons par un peu de mythologie. Rome fut fondée sur le Palatin par Romulus après qu'il ait assassiné son frère. Donc Rome fut fondé en 753 av. J.-C. et regroupe des parias. Mais malheureusement, c'était tous des hommes. Alors Romulus reluqua le village voisin et attaqua la ville pour en récupérer les filles. C'est l'enlèvement des Sabines (sujet très présent dans l'art).

C'est la version romaine de la fondation de la ville. Les sceptiques sauront sûrement qu'il y a eu des traces d'occupations étrusques antérieures à cette date. Cette civilisation posa les bases pour la république romaine en composant leur panthéon de dieu, leur technique et leur art. D'ailleurs, les chercheurs pensent que les rois romains (de 753 à 509 av. notre ère) étaient étrusques. Le dernier roi, Tarquin le Superbe, est assassiné après avoir violé une femme qui s'est par la suite suicider.

Notons que les femmes dans la culture romaines avaient des droits. Elles pouvaient choisir leurs conjoints, regarder les jeux (où il y avait des hommes nus) et participer à la vie quotidienne de la ville.

Selon les textes, la République est proclamée en 509 av. J.-C.. Lors de cette période, le territoire s'entendit considérablement, d'abord en gagnant toute l'Italie puis tout le contour de la Méditerranée jusqu'en Gaule en 50 avant notre ère environ. Ce ne fut pas qu'une guerre d'expansion puisque Rome fut menacée par des "barbares" plusieurs fois :"Si vis pacem, para bellum" (Si tu veux la paix, prépare la guerre).

Après la guerre entre César et Pompée puis le meurtre de César, l'empire romain naît, en 27 av. J.-C. avec le premier empereur Auguste, anciennement nommé Octave et fils adoptif de César.

De ce moment jusqu'au IIème siècle est l'âge d'or de l'empire romain et de la civilisation romaine. Puis, l'essor du christianisme et l'arrivée de peuple barbare venus de l'Est met à mal les frontières et les luttes intestines finissent tous en assassinat. Rome devient insalubre et pauvre jusqu'environ 1100. Le Pape, même s'il existe déjà et dirige le clergé ne loge pas à Rome. Enfin, le XIIème siècle fournit un Pape originaire de Rome. Les Romains garderont la main mise sur ce haut poste de pouvoir. C'est alors que les travaux sont lancés, les anciens temples récupérés pour être transformé en église. On fait venir des artistes de tout horizon pour peindre les plafonds et surtout gagner de la notoriété et ainsi donc de l'argent et du pouvoir.

À la Renaissance, Charles Quint envahit la ville et la décadence revient pour une dizaine d'année.

Puis vers 1530, les papes se lancent dans de grands travaux de réaménagement des rues et des plans. Rome est en perpétuels travaux jusqu'au XVIIème siècle.

L'idée d'une Italie unie qui apparaît au XVIème siècle devient réelle qu'au moment au Napoléon et sa famille s'installe à Rome après sa conquête qui continue dans d'autres villes italiennes.

Enfin, le XXème siècle n'est pas tranquille, car Rome est la capitale du régime fasciste dirigé par Mussolini. Cette politique, proche d'Hitler, rencontre une résistance dès 1941. En 1943, la France et l'Angleterre bombardent et détruisent le pays.

La fin de la guerre laisse le pays ensanglanté et détruit. Les politiques qui suivent font en sorte de relancer l'industrie et le commerce. Les mêmes problèmes se poseront après la crise de COVID-19.

<u>**La Piazza del Popolo**</u> **est agrandie par Pie VI, fin XVIIIème siècle. Au centre, se trouve un obélisque égyptien de l'époque de Ramsès II (XIIIème siècle av. J-C, ramené à Rome par l'empereur Auguste. Une croix a été rajoutée sur le haut par le Pape Sixte V. Cet obélisque se situe au centre de quatre lions crachant de l'eau et qui forme la fontana dei Leoni construite en 1828. Au nord, il y a la porta del Popolo taillé dans le mur d'Aurélien. À côté se trouve la Basica Santa Maria del Popolo.**

Piazza del Popolo

À l'est et à l'ouest, se trouvent deux hémicycles construits par l'architecte Vardier et ornés de fontaines et de statues allégoriques. Par les marches situées derrière, vous pouvez accéder au Giardini del Pincio et à la villa Borghese. Pour finir, au sud, deux églises jumelles du XVIIème siècle se dressent avec leurs portiques d'inspiration antique. Ce sont les églises Santa Maria in Montesanto et Santa Maria dei Miracoli qui encadrent la via del Corso.

Selon la légende, le mausolée de Néron se trouvait à l'emplacement de la basilique et était surmonté du peuplier. Au XIIème siècle, les habitants se sont plaints que l'arbre était maléfique et habitait des fantômes. Le Pape Pascal II rasa le mausolée ainsi que l'arbre et jeta la sépulture de Néron dans le Tibre. "Peuplier" se dit "Pioppo" en italien et "populus" en latin, ce qui a donné le nom à la place.

La Basilica Santa Maria del Popolo date du XVème siècle. Si l'extérieur est sobre, ne vous y trompez pas ! Au Moyen-âge, on y venait pour voir la relique du Saint ombilic, le cordon ombilical du Christ. Sans manquer d'observer les fresques du Pinturicchio dans la capella della Rovere, observez les deux tableaux du Caravage dans la capella Cerasi.

Le Giardini del Pincio se situe en haut des escaliers qui démarre de la piazza del Popolo. Jardin aménagé au XIXème siècle, il offre une vue splendide sur les dômes de Rome.

Le parc de la Villa Borghese est construit en 1633 pour le cardinal Borghèse qui habitait la villa. Transformé au XIXème siècle en un jardin anglais, il est ouvert au public en 1902. Se trouvent des jeux, des animations et une reproduction d'un temple grec au milieu d'un plan d'eau.

La galleria Borghese est construite en 1613 en un seul niveau pour la famille Borghèse, originaire de Sienne. Grâce au cardinal Scipion Borghèse, neveu du pape Paul V, la résidence se munit d'importante collection d'œuvres d'art. Fin connaisseur, il prend sous sa protection des grands noms comme Caravage, Rubens, etc. De plus, il initie un art nouveau : le baroque romain. Si, avant de mourir, le cardinal signa un acte empêchant la dispersion de ses collections, cela n'empêcha pas Napoléon de récupérer plusieurs œuvres qu'il déplaça au Louvre.

En 1903, l'Etat italien racheta l'ensemble des œuvres du musée. Aujourd'hui, vous pouvez vous inviter chez le cardinal Borghèse pour observer ses collections qu'y n'ont plus bougé depuis.

Construit au XXème siècle, <u>Quartier Coppedè</u> est un ensemble étonnant de palais et d'immeuble à l'architecture folle. Ne manquez pas de voir la grande arche de la via del Tagliamento ni le palazzo del Ragno et la villa delle Fate. Au centre de ce quartier, se trouve la piazza Minzion avec en son centre une fontaine ornée de 12 grenouilles. Les Beatles s'y sont baignés au retour d'un concert. La place a souvent été utilisée pour le cinéma comme pour le film *Inferno* tiré du roman de Dan Brown.

Au centre de <u>la Piazza di Spagna</u> se trouve la fontaine Barcaccia, dessinée au XVIIème siècle par le père du Bernin et achevée par l'artiste lui-même. Réfléchis afin de résoudre un problème de pression hydraulique, l'artiste lui donne l'apparence d'un bateau en naufrage, tiré d'un fait divers en 1598 quand le Tibre connut une crue qui inonda la piazza di Spagna sous 8 mètres d'eau et qui fit échouer une embarcation !

<u>La Chiesa della Trinita dei Monti</u> fondée en 1495 par le roi français Charles VIII pour l'ordre des Minimes se trouve en haut des escaliers de la piazza di Spagna. Habité par l'ordre jusqu'en 1828, son entretien est financé par l'Etat français.

La <u>villa Medicis</u> est construite pour le cardinal Ricci di Montepulciano au XVIème siècle puis devient la propriété du cardinal Ferdinand de Médicis. C'est lui qui transforma le bâtiment en véritable palais. Napoléon Bonaparte l'achète en 1803 et y implante l'Académie de France. Aujourd'hui, elle accueille en résidence des artistes francophones pendant une année consacrée aux arts (musique, cinéma, littérature, arts plastiques, ...)

<u>Le Musée du Vatican</u> est immense. Très grand musée présentant des collections variées ressemblant au Louvre. Les lieux magnifiques regroupent des chefs-d'œuvre des plus grands artistes dont la Chapelle Sixtine.

La Basilica San Pietro est la plus grande basilique du monde. Elle ferait le double de la taille de Notre-Dame à Paris. Magnifique dans sa décoration comme pour son architecture, elle fait partie des incontournables de Rome. Charlemagne y fut sacré empereur d'Occident un 25 décembre par le pape Léon III.

Tâche dans sa vie chrétienne ? Il a eu 5 épouses et 9 concubines...

La Piazza San Pietro est spectaculaire par sa forme elliptique et surtout par sa taille démesurée où s'intègre la Basilique. Bordée de portiques regroupant 284 colonnes sur 4 rangs, elle accueille nombreuses sculptures.

<u>La Via della Conciliazione et le Museo nazionale Castel Sant'Angelo.</u> Le château doit son nom à une légende selon laquelle un ange aurait remis son épée dans son fourreau au sommet du monument pour annoncer la fin de la vague de peste qui a saccagé Rome en 590. A l'origine, il s'agissait du mausolée d'Hadrien mais dès le IIIème siècle, il est transformé en forteresse. Vous visitez d'abord le chemin de ronde puis la chambre funéraire romaine puis une petite cour d'honneur avec un musée d'armes. Il y a également la résidence papale du XVème siècle avec sa bibliothèque et sa salle du trésor.

<u>**Piazza di Santa Maria in Travestere**</u> et la Basilica est le centre du Travestere où se réunissent deux grandes voies historique, la Lungara et Lungarreta. La fontaine est une des plus ancienne de Rome. La Basilique date du IIIème siècle et est surement l'un des premier édifices chrétien public. Ce que vous voyez aujourd'hui date du XIIème siècle. Elle a été construite, comme beaucoup de monuments de la ville, à partir des vestiges romains et plus particulièrement ici de ceux des thermes de Caracalla. À l'intérieur, les plafonds ont été peints par Le Dominicain.

<u>**Via della Scala avec Chiesa di Santa Maria della Scala et l'Antica Faranacia Santa Maria della Scala**</u>. L'église est construite en 1610 pour abriter une Vierge à l'enfant peinte sous un escalier d'une maison qui se tenait là. L'intérieur est décoré de marbre polychrome.

À côté de l'église, à la place d'une ancienne dépendance de religieux se trouve une pharmacie datant du XVIIème siècle

Une des peintures de Caravage, La Mort de la Vierge, devait se trouver dans cette église mais la tenue peu conventionnelle de la femme sur le tableau, sans parler du modèle qui était une prostituée enceinte et qui s'est suicidée, choque les Carmélites qui refusent d'exposer le tableau. Il est aujourd'hui au Louvre.

<u>Villa Farnesina</u> est construite en 1509 par Agostino Chigi, le banquier des papes, pour sa future épouse qu'il a fait élever dans un couvent pour qu'elle devienne une épouse parfaite. La villa est rachetée ensuite par Alexandre Farnèse vers 1580. Elle est décorée de fresques et de peintures réalisées par des grands maitres dont Raphaël.

<u>Fontana di Trevi</u> existait déjà sous l'Antiquité. Son nom "Trevi" désigne le croisement de trois chemins. La fontaine est alimentée par le viaduc Acqua Virgo. Son nom vient de la jeune fille que vous pouvait voir à droite et qui aurait montré la source aux Romains. La fontaine actuelle a été construite au XVIIIème siècle par le Pape Benoit XIV qui l'a intégré dans un trompe-l'œil au palais situé derrière.

N'oubliez pas de vous prêter au rituel et de lancer une ou deux pièces de monnaie, la première pour réaliser un vœu, la seconde pour revenir à Rome.

Sur la <u>Piazza Barberini</u>, vous y verrez deux fontaines, la fontaine aux abeilles et la fontaine du Triton, toutes deux réalisées par le Bernin dans les années 1640. La première commémore l'anniversaire de l'élection d'Urbain VIII et l'autre son talent poétique. Il faut savoir que le pape était un mécène...

<u>Basilica Santa Maria sopra Minerva</u> se situe sur l'ancien temple de Minerve d'où son nom. Construite au VIIIème siècle, elle a connu plusieurs modifications. L'intérieur abrite de nombreuses œuvres d'art dont une fresque de la vie de François d'Aquin par Filippino Lippi et aussi des œuvres du Bernin.

<u>Le Pantheon</u> a été construit sur l'impulsion d'Hadrien, contrairement à ce qu'indique le fronton. Le premier ayant été détruit dans un incendie, celui-ci date environ de 125 ap. J.-C. Il fut sauvé par le Pape Boniface IV de la ruine qui l'a transformé en basilique. Prenez le temps d'admirer les dimensions de ce monument. Le portique de style corinthien et large de 35m, profond de 16m. Dedans, vous y verrez la plus grande coupole de l'Antiquité (43.3 m de diamètre).

Dans les niches latérales, on y trouvait auparavant des statues représentant les dieux romains. Servant d'église après, le Panthéon abrite aujourd'hui plusieurs sépultures dont le tombeau noir de Victor-Emmanuel II et le tombeau de Raphaël.

Attention, il y a souvent une file d'attente pour rentrer. Prévoyez d'arriver tôt ou tard dans la journée. Si l'attente n'est pas très longue, la place est en plein soleil et il peut y faire très chaud en journée.

<u>Piazza Navona</u> surprend par orientation. Tout en longueur, elle conserve en fait la trace du stade de Domitien qui se trouve en dessous à 5m de profondeur. La place a été délaissée jusqu'au XVème siècle avant que le Pape Innocent X ne donne au Bernin et à Borromini le soin de rénover cette place.

La Fontana dei Quattro Fiumi est créée par Bernin. Elle occupe le centre de la place. Les statues allégoriques représentent les quatre continents (Asie, Afrique, Europe et Amérique). Vous trouverez de chaque côté la fontaine de Neptune et la fontaine du Maure.

Campo dei Fiiori. Autrefois un champ de fleur puis un lieu d'exécution, elle est aujourd'hui le point de départ de beaucoup de manifestations. Elle est aussi une grande place qui ne possède pas d'église ! Surprenant !

Via di Monserrato est une rue remplie de boutiques, de galerie et de palazzi. Parfaite pour se promener tranquille et faire ses achats.

<u>**Le Colisée**</u> **est un élément incontournable de Rome. La construction est lancée en 72 et est achevée 10 ans plus tard. C'est le plus grand amphithéâtre réalisé par les Romains. Son nom "Colisée" vient du Moyen-âge à cause de la statue de Néron représenté en Dieu du Soleil et haute de 35m. Elle a été déplacée par 24 éléphants sous le règne d'Hadrien ! L'amphithéâtre pouvait contenir plus de 50 000 spectateurs de tout horizon puisque l'entrée y était gratuite, afin de s'attirer les faveurs du peuple. Malheureusement, comme la plupart des édifices antiques, leurs matériaux ont été réutilisés pour d'autres monuments. Ce que vous voyez aujourd'hui n'est pas ce que voyaient les Romains ! C'est dire la splendeur du moment.**

<u>**Le Palatin avec le forum.**</u> Situé sur un marécage, les Etrusques y construisent un ingénieux réseau d'égouts qui assèchent la zone permettant ainsi, plus tard, aux Romains d'y bâtir des monuments démesurés. César y met de l'ordre et y construit le premier forum. La mode se répand puisque quatre autres le suivront. Au Moyen-âge, suite aux pillages des Barbares à partir du Vème siècle, la place est abandonnée. La transformation des temples en église sauve une partie des monuments antiques. Les forums deviennent des pâturages puis à la Renaissance, la frénésie de construction des Papes démolit ce qui restait des monuments pour créer leur propre palais. Ce sont les fouilles archéologiques du XVIIIème et XIXème siècles qui remirent à jour la Rome antique.

<u>**Circo Massimo**</u> se place à l'emplacement dit-on où eu lieu l'enlèvement des Sabines au cours des jeux qu'avait organisés Romulus. Rome avait besoin de femmes. Il y eut la guerre entre les deux peuples jusqu'à ce que les femmes se jettent entre les deux camps en les implorant d'arrêter. Depuis les premiers temps de Rome, des courses de chevaux eurent lieu ici mais les premiers empereurs furent ceux qui construisirent des monuments immenses. Ravagées par trois incendies dont celui de 64, il fut reconstruit à chaque fois toujours dans des dimensions de plus en plus grande. Au IIIème siècle, il attend ses limites avec plus de 600m de longueur et 140m de largeurs.

Les <u>thermes de Caracalla</u> est l'un des plus gros complexe thermaux de l'Antiquité. Ils datent du IIIème siècle. Les vestiges restants sont encore impressionnant. Mais vous pouvez faire une expérience 3D si vous souhaitez avoir un véritable aperçue de la splendeur de l'époque. Recouvert avant de marbre, de mosaïque et de statue, les thermes se divisent en plusieurs salles froides et chaudes. Ces thermes pouvaient satisfaire l'approvisionnement en eau de 6000 à 8000 baigneurs en même temps ! Les vestiges de 18 citerne en atteste ! Sous vos pieds, se trouvent un réseau complexe de galerie que parcouraient les esclaves pour se rendre aux chaudières (une cinquantaine !). Sous le règne de Caracalla, les thermes étaient gratuits puis deviennent peu à peu payant.

Par son environnement riche, Naples est aujourd'hui le plus grand centre historique classé au patrimoine mondial de l'Unesco. Il a plus de 27 siècles d'occupation ! C'est dire la richesse de cette ville ! Occupé par plusieurs cultures, c'est un tourbillon d'art et de tradition venue des quatre coins du monde !

GASTRONOMIE

Encore une fois, il y a deux vins blancs qui méritent d'être goûtés : le *greco di tufo* et le *fiano di avellino.* Pour le rouge, il y a le *taurasi*. Pour les liqueurs, vous trouverez du *limoncello* (liqueur de citron) et l'*amaro* comme digestif et le *rucolino* qui est fait à base de roquette et qui se déguste principalement à l'apéritif.

Faites attention pour l'eau ! Même si l'eau est potable, beaucoup de sources sont contaminées par des déchets toxiques enterrés illégalement. Nous vous conseillons pour cette étape d'acheter de l'eau ou de prévoir plusieurs gourdes avec l'eau de votre hôtel.

Pour manger, les spécialités se composent de beaucoup de poisson. Les viandes sont surtout du porc ou de l'agneau. Nous vous conseillons de goûter les *spaghetti alla puttanesca* qui est un plat de pâte avec de l'ail, du piment, des câpres, des anchois et des tomates bien sûr et qui était le plat que les prostituées mangeaient entre deux clients.

En dessert, les Napolitains sont spécialisés dans les babas au rhum. Ils font également de la *sfogliatella* (patisserie avec sucre, cannelle, écorce d'orange, vanille et fruits secs) et la *torta caprese*, qui ressemble à un brownies mais en moins sucré et avec des amandes.

<u>**JUSTE UN PEU D'HISTOIRE**</u>

Les premières installations sur le site de Naples sont grecs. C'était des hommes fuyant des tyrannies, les maladies, la justice, etc. Ce sont eux qui amènent au VIème siècle avant J.-C. la culture des vignes et des oliviers, leur art et leur architecture. Vers 80 avant notre ère, le général romain Sylla conquiert le sud de l'Italie et impose l'organisation romaine à toutes les cités conquises. Naples reste une cité florissante et sert ensuite de lieu de villégiature des empereurs romains, qui construisent plusieurs résidences d'été. Puis les invasions barbares détruisent ce qui restait de l'empire romain moribond.

Les Lombards s'emparent du Sud de l'Italie mais Naples en réchappe. Dirigé par le duc Arechi, qui ne sera jamais chrétien, le duché servira de refuge aux moines non catholique jusqu'à ce que les Sarrasins menacent la région.

Avec l'aide de Byzance, le roi Ludovic II libère la région mais les Byzantins refusent de partir. Puis Charlemagne conquiert l'Italie. Son royaume divisé à sa mort, il est menacé par les raids vikings. Les Normands se réfugient à Naples avant de se faire exclure par Frédéric Ier Barberousse en 1162.

Suite à plusieurs luttes intestines, Naples se retrouve finalement sous le joug de la dynastie des Anjou de 1268 à 1442. Le centre se trouve à Naples dans le Castel Nuovo.

Puis Ferdinand le Catholique se marie avec Isabelle de Castille en 1504. Le royaume est sous la domination espagnole jusqu'en 1713. Naples n'est plus le chef-lieu. Dirigé par un vice-roi, ce sont des années pauvres pour Naples qui subit de fortes taxes. L'arrivé de migrant agrandit la ville mais le niveau de vie est médiocre et la ville est victime de deux épidémies de peste en 1529 et 1530.

La révolte gronde. Elle éclate en juillet 1647. Dirigée par Masaniello, les révoltés envahissent le palais, ouvrent le cachot et brûlent le bureau des taxes. Demandant une Constitution populaire, Masaniello commence à perdre la tête. Il se fait assassiner dans une embuscade.

À l'époque des Lumières, suite à des magouilles politiques et maritales, Naples passent sous le joug des Habsbourg d'Autriche jusqu'en 1734, quand le roi Charles de Bourbon récupère le royaume d'Italie et y proclame son indépendance. Il est Charles VII, roi de Naples. Il prend plusieurs mesures dont un certain détachement avec le Vatican. Il créait une université ainsi qu'une chaire d'économie.

En 1798, Napoléon envahit l'Italie, le roi et la reine de Naples fuit à Palerme. Juste avant l'arrivée des Français, Naples se proclame République !

Si cela les sauve pour un temps, plus de 100 républicains sont décapités ou pendus et de nombreuses arrestations ont lieu. Enfin, Naples redevient une monarchie avec le frère de Napoléon, Joseph.

Au XIXème siècle, Naples et le royaume des Deux-Siciles sont proclamés 3ème puissance mondiale. Mais l'économie de la ville s'effondre à la réunification de l'Italie en 1860.

Enfin, l'économie continue de s'effondrer et le XXème siècle est marqué par l'émergence de grandes puissances mafieuses qui dirigent encore aujourd'hui Naples.

<u>**Museo archeologico nazionale**</u> est d'abord une collection privée qui vient de la famille Farnèse, une des famille les plus puissantes à la Renaissance et qui avait le droit exclusif de mener des fouilles pour se procurer des marbres et des sculptures. La famille s'éteint en 1731. L'héritage est transmit aux Bourbons et entre alors dans la famille royale. Suite à plusieurs modifications, le musée ouvre en 1816. Il est aujourd'hui l'un des plus grands musées d'Europe et le plus grand musée archéologique du monde. Dans ses salles, vous observerez beaucoup de vestige antiques dont de magnifique fresques venant de Pompéi et Herculanum.

Le cabinet secret offre une collection érotique de l'art romain. Fermé au bon vouloir des hommes politiques (il fut muré sous Mussolini !), aujourd'hui seuls les adolescents à partir de 14 ans peuvent rentrés mais sous tutelle !

<u>**Le site archéologique de Pompéi**</u> ne montre que les 2/3 de ce que fut les 66 ha de la cité antique. Le reste est toujours enseveli et n'a pas été fouillé. La cité est l'exemple typique d'une cité romaine qui abritait entre 20 000 et 25 000 habitant jusqu'en 79 apr. J.-C. Pompéi n'a pas connu qu'un seul épisodes volcanique mais le derniers fut le plus meurtrier et l'empereur décréta que la ville devait être abandonner. Déambulez dans les rues et profitez de ces vestiges magnifiquement préservés par la lave.

Info macabre, les 1150 corps retrouvés lors des fouilles se trouvaient majoritairement au dessus de la couche de cendre. Ces habitants n'ont pas été tués par les projections de pierres mais par les nuées ardentes, de grand nuages composés de gaz toxiques, de cendres et de roches brulantes. Les corps sont retrouvés la bouche ouverte, ayant respiré l'air brûlant et toxique une dernière fois.

Vous avez sûrement entendu beaucoup de commentaires sur Venise. Mais la première fois que vous posez le pied dans la ville est inoubliable. Aucune photo ne fait honneur à l'ambiance présente dans les rues. Les rues alambiquées sont très difficiles pour se repérer mais qu'importe ! Pour visiter Venise, il faut s'y perdre !

GASTRONOMIE

Commençons par l'incontournable : le *Spritz* est l'apéritif typique. C'est un mélange de vin blanc (ou du procesco), d'apérol et d'eau pétillante. C'est une boisson amère très rafraîchissante à déguster en terrasse. Il y a également le *Bellini*, qui est un mélange de *procesco* et de jus de pêche (ou fraise en fonction des saisons). Le *Sgroppino* est un digestif qui se sert soit entre deux plats (comme le trou normand) soit en fin de repas. C'est un mélange de vodka et de sorbet au citron. L'eau est potable à Venise mais a un drôle de goût presque salé. Nous vous conseillons d'acheter vos bouteilles d'eau.

En nourriture, la cuisine vénitienne est vraiment unique. Les antipasti, qui se composent en général de charcuterie et parfois du fromage, sont agrémentés de poissons et crustacés comme les *sarde in saor* (sardine macéré dans de l'oignon, du raisin et des pignons) ou encore les *moleche* (petit crabe frit entier). Les premiers plats sont principalement composés de *pasta* mais également risotto cuisiné avec du safran, des fruits de mer ou *al nero di seppia* (à l'encre de seiche) et *alla vongole* (aux palourdes). En second plat, le veau et les viandes telles que le lièvre, le lapin, les abats sont mis à l'honneur. Et bien sûr, le poisson est omniprésent.

Vous avez sûrement entendu beaucoup de commentaires sur Venise. Mais la première fois que vous posez le pied dans la ville est inoubliable. Aucune photo ne fait honneur à l'ambiance présente dans les rues. Les

En dessert, ne manquez pas l'incontournable *tiramisu*, dont les courtisanes vénitiennes s'empiffraient avec leurs amants en guise d'aphrodisiaque. Il y a également le pain des Doges qui est un sablé au chocolat ou pistache.

<u>JUSTE UN PEU D'HISTOIRE</u>

L'installation des premiers habitants, les Vénètes, datent de 1300 av. J.-C. Ils s'installèrent sur les îles en petite communauté. Suite à l'invasion romaine puis barbare, les Vénètes restent sur l'île de Torcello au nord et Malamocco au Sud par sécurité.

Les premières églises sont construites sur ces

îles. Les byzantins, qui dirigent le territoire en 563, y voient des alliés et effectuent des échanges sur le Rivo alto (Rialto). Cette stabilité permet l'essor de la ville.

L'actuelle Venise connaît sa véritable construction au IXème siècle au moment où Charlemagne envahit la région. Jouant un rôle d'intermédiaire entre l'Occident et l'Orient, Venise devient une cité marchande florissante. Au XIIème siècle, quand la situation politique change, l'Arsenal est construit afin de tourner les échanges vers la mer. La quatrième croisade est particulièrement bénéfique à Venise puisqu'elle propose de louer ses bateaux. Mais les Templiers n'ont pas un sou et s'en vont piller Byzance. Une rupture avec l'Orient s'impose.

Avec l'importance du rôle de la ville sur le monde connu de l'époque, le Grand Conseil qui dirige la ville est modifié au XIIIème siècle.

Elle devient une république aristocratique dotée d'un pouvoir collégial. C'est le doge, élus par ses pairs. Le XVème siècle marque l'apogée de Venise. Ces revenus sont aussi importants que le royaume de France ou d'Angleterre !

Le vent tourne quand la connaissance de la boussole et du gouvernail sont ramenés de Chine. Les Portugais découvrent la route des Indes en contournant l'Afrique et tracent ainsi une route plus économique pour les épices. En même temps, l'Amérique est découverte et l'empire ottoman envahit peu à peu la Méditerranée et les comptoirs vénitiens. Le XVIème siècle épuise les ressources vénitiennes. Les marchands se transforment en soldat pour protéger leurs biens des Turcs. Étonnement, c'est lors de ce siècle, qui n'est pas le plus faste, que l'art vénitien s'épanouit.

Enfin la guerre rattrape toujours et suite à une épidémie de peste, Venise doit se battre avec ses alliés contre les Turcs à Lépante en 1571. C'est la guerre navale la plus sanglante que la Méditerrannée ait connue. Sans vrais vainqueurs, la guerre continue. Venise est également touchée par plusieurs vagues de peste qui déciment la population et endettent la ville qui lutte pour garder un train de vie luxueux.

Venise garde sa réputation de ville des plaisirs. Le Carnaval a lieu et des tendances libertine deviennent à la mode. D'ailleurs, nous en connaissons au moins un des ces libertins : Casanova.

Le temps avance et Venise reste coupé du monde. Son indépendance est mise à mal avec la conquête de Bonaparte. Venise devient autrichienne avant d'être rattaché au royaume d'Italie lors de sa réunification. La ville n'est plus que l'ombre d'elle-même jusqu'à ce que le tourisme du XXème siècle réveille la ville.

<u>Le Grand Canal et les "cent palais"</u> : De 4km de long et 50m de large, c'est l'axe principal de Venise où vous croiserez vaporetto, gondole et véhicule privé comme public (police, éboueur, etc). Formant un S et bordé de splendides demeures, il est enjambé par trois ponts. Les familles les plus fortunées possédaient un palais sur le bord du Canal. En effet, il était plus facile d'y faire le transfert de marchandise. Les palais servaient à la fois de siège social et d'habitation. Vous pouvez observer de part et d'autre une centaine de palais construit en brique car elle avait l'avantage d'être légère

et a ainsi permis la conservation de ses façades splendides dont certaines ont 700 ans !

Mode vénitienne : Pour avoir des cheveux "blond vénitien", les vénitiennes s'exposaient sur les terrasses au soleil en exposant leur chevelure enduite d'un mélange avec de l'urine de chat ou de cheval. L'ammoniac contenu dans les urines éclaircissaient les cheveux.

La **Piazza San Marco** est étonnante par sa forme car elle forme une équerre. Vous noterez que c'est la seule piazza de Venise ! On y trouve le palais des Doges, la basilique Saint-Marc, la tour de l'Horloge et le campanile. Les Procuraties sont les arcades qui bordent la place. Elles abritaient les bureaux des dignitaires qui administraient la ville. C'est également le point le plus bas de Venise. La piazza est la première à être inondée quand la lagune déborde (de novembre à avril).

Mode vénitienne bis : À la cour de Charles IX (XVIème siècle), il fallait porter des robes "d'espoitrinement valois à la vénitienne". Le but étant de mettre les attributs féminins en avant. Imposées aux prostituées par le Doge, ces robes permettaient au client de les différencier des travestis qui les concurrençaient fortement.

La <u>Basilica San Marco</u> est édifiée au XIème siècle après l'incendie de la précédente église. Par son style architectural, on voit clairement le lien avec l'empire byzantin. D'abord en brique, l'édifice s'est paré au fil du temps en mélangeant les styles.

Le corps de Saint-Marc reposait d'abord en Egypte. Le corps momifié fut volé par des marchands vénitiens en la couvrant de porc salé. Ne voulant pas manipuler la viande impure, les musulmans la laissèrent partir. La relique fut ensuite cachée dans l'église en bois qui brûla au Xème siècle. Dommage... Mais en 1094, une pierre s'effrite et la relique réapparaît aux Vénitiens inconsolables... Aujourd'hui, elle se trouve dans un sarcophage sous l'hôtel.

<u>Palazzo Ducale ou palais des Doges</u> est un parfait exemple du style gothique vénitien. L'architecture est impressionnante car les décors inférieurs sont fins tandis que le haut est plus lourd. C'est l'inversion des masses. Cela donne l'impression que les bases sont fragiles. Mais ne vous y trompez pas. Cela fait plusieurs siècles que le bâtiment tient debout !

Malgré son nom, le palais des Doges n'était pas uniquement réservé au Doge. Il n'occupait qu'une partie du premier étage. Le reste était occupé par les organes politiques et judicaires.

Vous observez des gueules de lion encastrés dans les murs et disséminés un peu partout. Elle servait à déposer des dénonciations anonymes. Bien sûr, il fallut réguler les abus. Il fallait deux signatures à partir du XIVème siècle pour que la dénonciation soit prise en compte et une peine de mort était appliqué si l'information était fausse. Les abus s'arrêtèrent...

<u>Museo Correr - Museo Archeologico - Biblioteca Marciana</u> sont trois musée en un. Les salles possèdent des collections variées et donnent une bonne introduction à l'histoire de Venise.

<u>Teatro La Fenice</u> a été incendié deux fois puis reconstruit. D'où son nom Phénix qui renaît de ses cendres. La dernière reconstruction du théâtre a eu quelques soucis. Voulant reconstruire à l'identique, les archives étaient insuffisantes pour cela alors ils utilisèrent le cinéma et surtout un film de 1954 *Senso de Visconti* ainsi que des scènes coupées notamment du 3ème film de Sissi.

Museo del Vetro se trouve dans un palais du XVIIème siècle. Les salles s'enchaînent de façon chronologique et permettent donc de retracer l'histoire de cette industrie florissante vénitienne. La visite commence par une vidéo expliquant la fabrication du verre (et de l'emploi de l'arsenic...).

Les Vénitiens avaient le secret pour créer des verres lisses et purs utilisés dans les miroirs. Louis XIV envoya des espions pour connaître leur technique et ainsi meubler sa célèbre Galerie des Glaces

Basilica dei Santi Maria e Donato est construite au début du XIIème siècle sur des fondations datant du VIIème siècle. Observez ce mélange de pierre blanche d'Istrie avec la brique rouge. Avec la richesse du décor, tout est en harmonie. À l'intérieur, vous trouverez un superbe pavement en mosaïque du XIIème siècle qui rappelle celui de la cathédrale.

Galleria dell'Academia se situe sur les lieux de l'ancienne église Santa Maria. Devenu musée suite à la chute de Napoléon, c'est aujourd'hui une des plus belles pinacothèques d'œuvres religieuses du XIVème au XVIIIème siècle.

Campo San Barnaba est caractéristique de Venise avec son campo rectangulaire et fermé par une église au bord de l'eau. Vous reconnaîtrez peut-être cette place car elle a inspiré plusieurs réalisateurs dont Spielberg dans *Indiana Jones et la dernière croisade*.

Ca'Rezzonico e museo del Settecento Veneziano est un des palais dont vous pouvez observer la façade depuis le Grand Canal. Commencé en 1667 par Longhena, le projet est arrêté suite à la faillite des commanditaires. Racheté en 1712 par la famille lombarde Rezzonico qui viennent d'être anoblie, Massari termine les travaux.

Il le construit pour "en mettre plein la vue" soit aux associés venus faire affaire soit pour distraire. La salle de bal, première que vous verrez est magnifique et montre la splendeur dans laquelle la famille vivait au XVIIIème siècle.

Les laques que vous pouvait observer sur les portes provenaient de Chine et coûtaient très cher. Les Vénitiens ont inventé les "laques pauvres", contrefaçon des peintures chinoises puisqu'ils découpaient des gravures et les collaient pour ensuite les recouvrir de plusieurs couches de vernis. Ni vu ni connu.

<u>Museo del Merletto</u> montre de beaux ouvrages de dentelle, industrie connue de Venise. Baladez-vous ensuite sur cette petite île. On y est au calme, presque à la campagne. Prenez le pont piéton qui rejoint l'île de Mazzorbo où se trouve champs, verger et jardin public. Vous pouvez reprendre le Vaporetto ici.

Chiesa Santa Mariadei Frari est bâtie vers 1231 et est reconstruite plusieurs fois dans un style gothique tardif. Dans sa nef, se trouvent les sépultures des plus grands noms vénitiens ainsi que ses chefs-d'œuvres.

Ca'Pesaro est un palais du XVIIème siècle construit par Longhena. On y entre par une cour magnifique. Le palais abrite aujourd'hui le musée d'art moderne et oriental.

Palazzo Monecigo, museo del Tessuto, del Costume e dei Profumo est un palais dédié aux trois luxes vénitiens : le tissu, le costume et le parfum. Le palais appartenait à la riche famille patricienne Mocenico (qui a eu 7 doges). Le dernier Mocenigo habite ce palais jusqu'en 1945 avant de le céder à la ville. Richement meublé, ce palais est sûrement celui qui reconstitue le mieux le style de vie d'une famille patricienne à Venise.

Museo di Storia naturale est un musée très moderne qui mêle les explorations récentes avec celles du XIXème siècle. On commence la visite avec un squelette de dinosaure puis avec des animaux, des curiosités et des objets d'ethnies diverses.

Ca'Oro e la Galleria Franchetti est l'un des plus beaux palais visible du Grand Canal. L'origine du nom vient de la façade qui était recouverte de feuille d'or et de lapis-lazuli. Plusieurs constructions se sont succédées plus ou moins réussies. L'avant-dernier avait fait détruire une partie du palais mais son dernier propriétaire, Giorgio Franchetti, l'a acheté puis donné en 1916 avec les œuvres d'art qu'il abritait.

La ville des amoureux.... ou pas ! Les rues piétonnes transportent une atmosphère de calme dans toute la ville. Les habitants sont sereins et attentionnés. Bref , y fait bon d'y vivre. Nous y retournerons sans hésitation car Vérone a été sans conteste une surprise et un coup de cœur.

GASTRONOMIE

Dans la catégorie vins et apéritifs, vous retrouvez surtout ce qui se trouve à Venise. En effet, pas si loin l'une de l'autre, le vin n'a pas eu le temps de se modifier ! Par contre la gastronomie oui ! Les Véronais sont de gros mangeurs de viande. Il y a la *pastisada de caval* pour les aventuriers puisque c'est de la viande de cheval cuisinée avec du vin. Il y a également le *risotto all'amarone* (sauce au vin).

En pâtisserie, vous trouverez une chocolaterie près de la maison de Juliette qui vend des petits pains briochés garnis avec une crème pâtissière délicieuse, appelés *maritozzi*.

JUSTE UN PEU D'HISTOIRE

L'occupation du site remonte au Néolithique mais la ville se construit sous l'occupation romaine. Elle en devient d'ailleurs une ville de grande importance. À partir du IIème siècle, elle passe plusieurs fois sous occupation barbare. Elle devient ensuite une ville hérétique alors que l'Eglise s'implante difficilement. En 476, elle devient la capitale des Goths. Elle reste une cité militaire importante.

Au XIIème siècle, la cité devient indépendante et est dirigés par son aristocratie. Après plusieurs longues luttes intestines, la famille Della Scala prend le pouvoir et transforme la ville en seigneurie pendant une centaine d'années. Elle passe sous la juridiction de Venise en 1405. Son histoire se mêle à la sienne jusqu'en 1796. Elle passe ensuite française puis autrichienne avant d'entrer dans le royaume d'Italie en 1866.

Castelvecchio est un château du XIVème siècle mais dont il ne reste pas grand chose de la première construction. Construit par la famille des Scalinger, sous la domination vénitienne, le château est transformé en caserne puis est réaménagé pour les forces napoléoniennes puis transformé en musée. Ce premier musée permet de se faire une idée de l'histoire de Vérone.

L'amphithéâtre est l'un des plus grands du monde romain avec ces 138m de diamètre. Construit au Ier siècle apr. J.-C., une partie de l'extérieur et des gradins a disparu comme beaucoup de construction romaine. Ce monument est encore utilisé pour des concerts ou autres événements.

Piazza delle Erbe se trouve sur l'ancien forum romain. Une des places les plus vivantes de Vérone, on y trouve un marché et des cafés. De la place, vous pouvez observer le Palazzo Maffei, le Palazzo della Ragione et la Torre dei Lamberti. Au centre, entre les étales de fruit, se trouve la fontaine de la Madonna di Verona datant du XIVème siècle mais la statue date de l'Antiquité.

<u>Piazza dei Signori</u> comme l'indique son nom est plus distinguée que ses voisines. On y trouve la <u>Loggia del Consiglio</u>. Au centre de la place c'est Dante qui est représenté car l'auteur s'est réfugié à la cour des Scalinger lors de son exil.

<u>Palazzo della Ragione et la Torre dei Lamberti</u> présentent à l'extérieur, dans une cour, un splendide escalier gothique. D'un côté vous avez le musée d'Art moderne et de l'autre la tour médiévale la plus haute de Vérone qui vous offre un magnifique point de vue de la ville.

<u>Casa di Giulietta</u> se trouve également dans une cour. Aucun indice n'indique que le premier auteur de Roméo et Juliette, Luigi da Porto, se soit inspiré de personnage réelle. Mais la maison est désignée comme celle des Capulet.

Rendue célèbre par Shakespeare, la ville s'est emparée du mythe pour en faire une entreprise commerciale.

Vous verrez sûrement des personnes toucher le sein droit de Juliette. En faisant cela, les amoureux se promettent amour durable et fertilité.

<u>**Museo degli Affreschi et tomba di Giulietta**</u> se trouve dans un couvent et a été transformé en musée. Vous pourrez observer une collection de mosaïques et de fresques véronaises. Le musée abrite également le tombeau de Juliette.

La Duomo, même si elle a été remaniée plusieurs fois, garde son premier style roman dont le portail qui date du XIIème siècle. À l'intérieur, la cathédrale est divisée en trois nefs et est décorée de fresques en trompe-l'œil.

Traversez le Ponte Pietra, un pont typiquement romain et visitez le **museo Archeologico et Teatro Romano**. Les romains ont utilisé le relief naturel de la région pour créer les gradins du théâtre. Vous parcourez un certains nombres de vestiges, colonnes et statues, avant d'arriver à l'ancien couvent qui a été transformé en musée archéologique. Il contient plusieurs œuvres de mosaïque et vestiges antiques.

<u>Basilica Sant'Anastasia</u> est de style gothique qui remonte au XIIIème siècle. Les moines décidèrent d'en faire la plus grande église de Vérone. Elle connaît de nombreuses modifications jusqu'au XVIème siècle.

<u>Chiesa San Fermo Maggiore</u> est très intéressante car elle possède deux sanctuaires dont un du Vème siècle, et est donc un rare exemple de l'architecture romane primitive. Cette église cachait les reliques de San Fermo et Rustico. Au XIème siècle, les Bénédictins construisent une seconde église de style roman tardif. Les Franciscains récupèrent l'église au XIIIème siècle est la modifient pour un style gothique.

Arche Scaligere se trouve à côté du Palazzo del Capitonio. Vous trouverez alors l'église romane Santa Maria Antica qui était en fait la chapelle privée du palais et les sépultures des seigneurs et dames de Vérone. Remarquez les détails apportés au décor des tombeaux. Tous datent du Moyen-âge et montre l'importance qu'avaient ces seigneurs sur leur ville.

Partez à la découverte de l'Italie sans tracas avec ce guide clé-en-main !
Avec des itinéraires choisis et testés, Marcel_en_voyage vous présente un planning jour par jour et des conseils pour préparer votre séjour.
Alors qu'attendez-vous pour préparer vos valises !

Édition : BoD · Books on Demand,
31 avenue Saint-Rémy, 57600 Forbach,
bod@bod.fr
Impression : Libri Plureos GmbH,
Friedensallee 273, 22763 Hamburg
(Allemagne)
ISBN : 978-2-3225-5877-3
Dépôt légal : Janvier 2025